JN411525

방관자

방관자

펴 낸 날 2017년 11월 15일

지 은 이 백승엽
펴 낸 이 최지숙
편집주간 이기성
편집팀장 이윤숙
기획편집 장일규, 윤일란, 이하영
표지디자인 장일규
책임마케팅 임용섭
펴 낸 곳 도서출판 생각나눔
출판등록 제 2008-000008호
주 소 서울시 마포구 동교로 18길 41, 한경빌딩 2층
전 화 02-325-5100
팩 스 02-325-5101
홈페이지 www.생각나눔.kr
이 메 일 webmaster@think-book.com

• 책값은 표지 뒷면에 표기되어 있습니다.
ISBN 978-89-6489-773-7 07810

• 이 도서의 국립중앙도서관 출판 시 도서목록(CIP)은 서지정보유통지원시스템 홈페이지(http://seoji.nl.go.kr)와 국가자료공동목록시스템(http://www.nl.go.kr/kolisnet)에서 이용하실 수 있습니다(CIP제어번호: CIP2017027361).

방관자

백승엽 지음

생각나눔

“삶은 예술의 최고이자 유일한 제자이다.”

– 오스카 와일드 –

프롤로그

어느 회사의 면접 질문이다.
블록을 파는 가게에서 체험용 블록을 준비해 두었다.
하지만 아이들이 블록을 하나둘씩 가져갔기 때문에 가게 사장은 체험용 블록을 없애야 하나 고민했다.
어떻게 이 문제를 해결할 수 있을까? 내가 생각한 해답은 체험용 블록 옆에 스크린을 달아두는 것이다.
스크린에 애니메이션을 튼다. 블록을 훔쳐가는 악당과 그것을 지켜내는 영웅이 등장하는. 물론 요즘 영화에서처럼 매력적인 악당이라면 별 소용이 없겠지만.

다음은 오스카 와일드 산문의 일부이다.
"예술은 추상화된 장식이다. 다시 말하면, 순수한 상상력을 동원해 실재하지 않는 허구의 것을 다루는 즐거운 작업이다."
"고대 그리스를 예로 들어보자. 그리스 예술이 그리스 사람들의 모습을 우리에게 말해준다고 생각하나? 아테네 여성들이 파르테논 신전의 벽화에 새겨진 것처럼 그렇게 위엄 있는 모습이었을 것이라고 믿는가? 아리스토파네스와 같은 위대한 작가의 글을 읽어보라.
그럼 아테네 여성들은 꽉 끼는 옷을 입었고, 굽 높은 신을 신었고

머리카락은 노랗게 염색했으며, 얼굴에 화장하고 입술을 빨갛게 칠했다는 사실을 알게 될 것이다. 요즘 유행을 좇는 여성들이나 타락한 여성들과 전혀 다르지 않은 모습이었다."

위에서 소개한 이야기들로부터 알 수 있듯이, 예술은 우리가 살아가는 삶에 많은 영향을 끼치지만 그것과는 다르다. 영화, 음악, 만화, 인용구 등에서 보이는 하나의 또렷한 정체성 따위는 없다. 수시로 바뀌는 우리의 생각, 우리가 뱉는 말과 하는 행동들, 그것들의 집합체가 바로 우리의 정체성이다. 예술에서나 볼 수 있는 하나의 캐릭터가 되고자 자신을 가두는 일이 없었으면 한다.

극화, 삶의 색

너무 난해할까 싶어 동화에 쓰인 비유들을 먼저 설명할까 합니다.
거울 기둥은 우리들의 통찰력이며 여러 빛깔의 기둥들은 예술작품입니다(영화, 음악, 소설, 만화, 인용구 등).
저는 그것들과 우리가 살아가는 삶은 많은 차이가 있다고 생각했고, 자신의 삶을 예술처럼 극화시키는 사람들이 많다고 느꼈습니다. 물론 그렇게 살아가는 삶도 자신의 선택이지만 통찰력을 거울 삼아 한번쯤 자신이 살아가고 있는 모습을 비추어보면 어떨까 싶어 동화를 썼습니다.

공간이 있다.

처음엔 비어있었을지 모른다. 하지만,

그 적막감을 견디지 못했던 이들이 있었던 것 같다.

그중 감각에 예민했던 이들이 공간을 장식했을 것이다.
비루한 공간과 공간을 똑 닮은 자신들과는 다른
색채와 향기와 소리를 이용해.

그렇게 비어있던 공간에 기둥이 하나둘씩 생겨났을 것이다.

길 비추는 한 줄기 빛 없어도 다채로움이 은은하게 일렁이는 공간을

빛깔이 향기로 나아 가득 채운다.

그 위를 걷는 아이가 있다.

아이는 공간 아득히 차오르는 기둥, 저 각기의 아름다움에 취해

한번 볼 겨를도 없이, 비틀리며 공간을 누빈다.

품어본다. 여린 등 대어본다.

하며, 그가 사랑했던 모든 찬란함.

그 빛깔과 향기를 간직한 채 한 걸음 한 걸음 내디디며….

아니, 마치 그 찬란함의 일부가 된 듯 공간에서 허덕인다.

그리고 만난다.

공간이 있고 그 위 은백색의 거울 기둥이 담담하게 서 있다. 새뜻한 은빛을 띠면서도 주변 기둥들의 빛깔을 갈잖다는 듯 구기며 비추어 내는 기둥.

그 앞에 아이는 그저, 겨우 바라만 본다.

문득 보인다.

기둥도 아닌 가는 몸, 더욱 가는 가지.

곳곳에 본 듯한 색의 얼룩들이 슬어있다.

묻은 먼지인가 싶어 털어보지만 아니다.

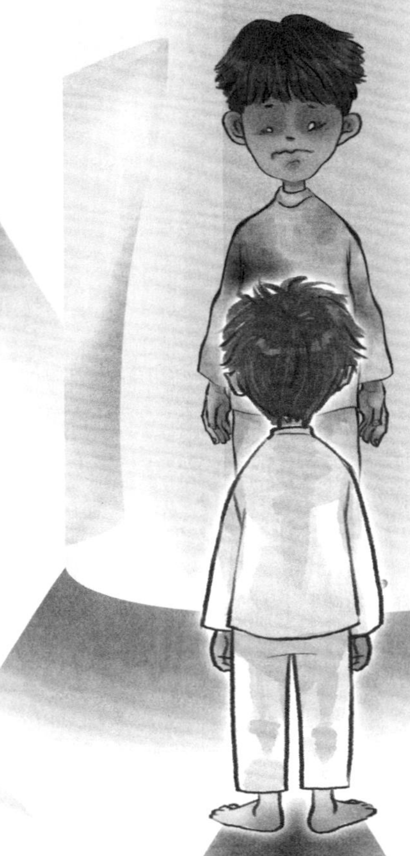

괴이해서 아이는 더욱 가까이 다가가,

멈추어 가만히 비추어 본다. 칙칙한 회색 바탕

그보다 조금 밝은, 그뿐인 얼룩들은 아이가 사랑했던

기둥의 순백 빛깔이 아니다.

탁한 푸른 빛도.

눅눅한 노란 빛도.

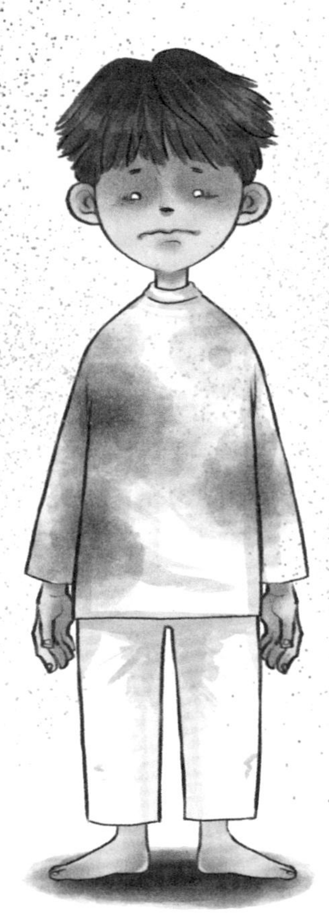

여린 등줄기 끝에서 무심함이 솟구친다.

솟구치니 달든 마음도 괴이한 신경도 가라앉는다.

기둥 앞 역한 자신으로 피어나는 동체를 보며 아이는
한 걸음 한 걸음 물러서다 뒤돌아 힘껏 달린다.
이전의 향기는 저 너머로 흩날리며.

한참을 달린다.

얼룩은 어디에 닿아도 닳지 않고,

야릇한 향기 들이킨 폐는 걸음조차 지치게 한다.

빈 바닥에 주저앉은 아이는
얼룩진 몸이 슬프도록 부끄러워, 누워 생각한다.
분명 찬란했던 빛깔들. 다른 몸, 새로운 색.
'얼룩점.'
발악.

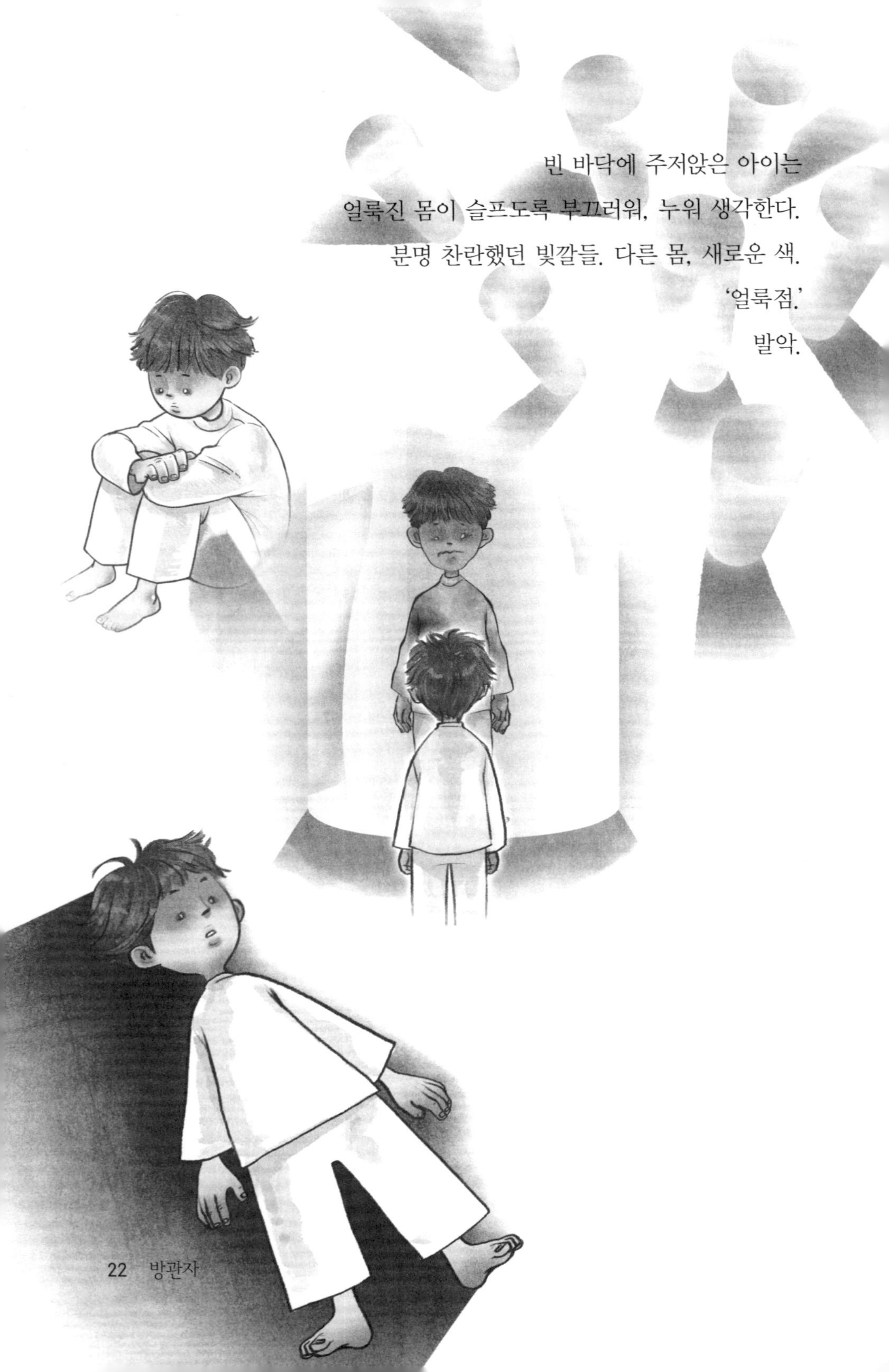

하나의 아름다운 빛깔이 되고파,
사지를 찢어 탁한 보랏빛 염료에 적시고서야 안도하는 아이.
비참함에 눈물을 흘린다.

하지만 염료는 흐르는 눈물에조차 녹아 흐르고
그런 몸을 내려다보던 아이는 거울 기둥이 다시 한번 보고 싶다.
그렇게 일어서 왜소한 어깨에 발붙이고 비틀비틀 걸어간다.

여전한 은백색.

주변의 기둥들을 비꼬듯 뒤틀며 담아내는 그 기둥.

흉하다고 생각했던 기둥과 기둥에 비친 아이의 모습.

한참을 들여다보니, 주변의 화려한 기둥들과는 달리,

거울 기둥은 아이 자신의 모습과 똑 닮은 듯하다.

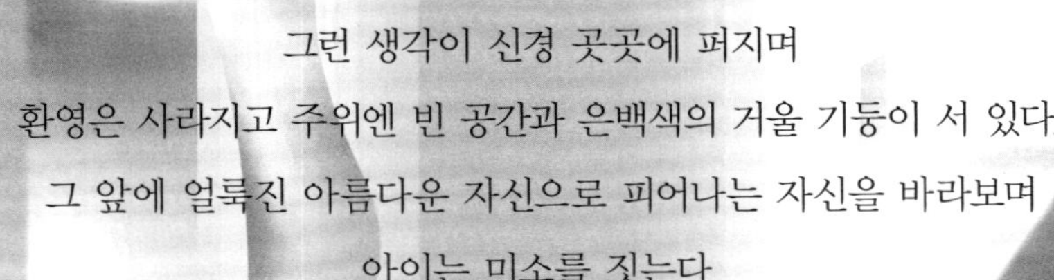

그런 생각이 신경 곳곳에 퍼지며
환영은 사라지고 주위엔 빈 공간과 은백색의 거울 기둥이 서 있다.
그 앞에 얼룩진 아름다운 자신으로 피어나는 자신을 바라보며
아이는 미소를 짓는다.

아름다움을 담은 찬란한 기둥들은
다시 나타날 것이다.
하지만 그때가 언제 온다 해도 아이는 간간이
자신을 비추어 보며, 절뚝거리며 걸어갈 것이다.

에필로그

앞날의 기억

그 화려한 소묘에 넋을 논다.

그런 하루는 여지없이 비어있어 떨리는 손들어 흩뿌리는 충동의 모작붓을 댄 곳이 도화지라 풍경은 섞이며 흐려져간다.

흐르듯 변모하는 소묘따라 조급해진 내가 붓을 댄 곳… 도화지.

기분이 울적한 어느 하루 조각조각 빗대어 보면, 마치 이름 모를 삼류 영화 한 편 본 듯 머리가 조금은 버거워진다.

가득찬 머리와 텅 빈 마음의 아이러니에 지친 나는

옆에, 나마 또렷해 보이는 굳은 벽지에 기대 곱씹는다.

그리곤 마땅히 할 일도 해야 할 일도 비워버린 내가 기꺼이, 또다시 시작하는 모작.

춤

사람들은 그들의 머릿속에 떠오른 훗날의 한 장면에 이끌려 춤을 추고 있는 듯했다.
나는 지금을 살고 있지 못했지만 춤 또한 추지 않았다.
문득 '이나중 탁구부'속 대사가 떠올랐다.
춤을 추는 바보와 춤을 추지 않는 바보, 둘 중 누가 더 바보일까.
늘 그렇듯 이런 근원적 문제에 대한 답은 아무리 애를 써봐도 찾을 수 없었다.
난 그저 책상에 앉아 이따위 생각들을 하며 커피를 마시고 담배를 피우며,
소리로는 이해시키지 못할 마음을 문자로 옮기고 있었다.

대머리

낮에 비가 내리는 날
밖으로 뛰쳐나가고 싶은 충동을 느꼈다.
살아오며 묻은 얼룩. 내 것이 아니었으면 하는, 이미 뱉어 버린 말과 저지른 일들, 그런 것들이 모두 씻겨 나갈 것만 같은 기분을 느꼈기 때문이었다.
하지만 그럴 순 없다는 걸 이미 알았기에. 또, 어쩌면 그런 것들이 내가 죽는 날까지 내 곁을 떠나지 않을 유일한 존재일지도 모른다는 생각에, 나는 담배를 꺼내 물고, 다시 창밖을 보며 생각했다.
모든 것을 다시 시작하고 싶었다. 내 흠들을 모두 지워버리고 새로운 사람들을 도화지 삼아 완벽한 나를 그려보고 싶었다.
해서, 그런 기분이나마 느껴볼까 하고 다시 밖으로 나가려는 순간. 나는 산성비를 맞아 머리가 까진 훗날 마흔 즘의 추한 내 모습이 떠올라 겁을 먹고는, 다시 벽에 기대 담배를 꺼내 물고 창밖을 바라보았다.

가면에 대한 연구

내가 상황 따라 바꿔 끼는 가면이 족히 스무 개는 넘을 것이다.
뭐, 이건 많은 사람들과 비슷하겠지만, 그래도 가끔은 그 가면들을 하나씩 벗기다 보면 어떤 표정이 나올까 궁금하다.
세 가지 가설이 있다.
첫 번째, 원래는 아무런 표정도 없었지만 내 필요에 따라, 교육을 받아, 또는 먼 과거로부터 내려온, 내가 났을 땐 이미 완성되어 있는 환경의 영향을 받고 자라며 듣고 본 모든 것들의 영향을 받으며 하나씩 생겨났을 것이다(이건 내 바람).
두 번째, 사람마다 타고나는 성향이 있는 것이다.
기본이 되는 표정이 있고, 그에 맞춰 자신들의 성향 범위 안에서 가면을 하나씩 만드는 것이다. (대부분 사람들의 생각)
마지막은 좀 불행하다.
가면은 애초에 없는 것이다. 나만의 상상이었고, 나같이 나약한 몇몇 사람들만이 정체성 없이 환경에 맞춰 자신을 바꾸는 것이다.
세 번째 가설은 너무 잔인하지만 가장 설득력 있는 듯하다.
위악과 자학이 종종 아련한 쾌감을 준다지만 이건 진짜 싫다.
젠장.

여자

덧칠하고 덧칠해진 것들이 닳아서 보이는 감정들을 인지했을 땐, 이미 난 세상이 어색했다.
항상 한걸음 떨어져 지켜만 보고 있었고, 피가 나고서야 상처인 줄 아는 듯 눈물을 흘린 후 지나간 아픔이 사랑이었음을 알았다. 또, 나는 하루 구석구석 흩어진 작은 설렘들을 모두 스치고, 더는 찾을 것조차 없어졌을 때, 한기를 품은 공허가 내 온몸에 스며들 때, 사람들을 찾아 헤맸다. 나는 눈물을 흘렸다. 남들과는 조금 다르다고 생각했던 감정선이 너무도 미웠고, 그 찰나에도 이러한 생각들이 나의 방어기제가 아닐까 하는 도드라진 이성이 나를 괴롭힘에….
이렇게 지쳐가는 것인지 미쳐가는 것인지도 나는 몰랐다.
나는 그저 여자의 품에 안기고 싶었다. 몸을 섞는 일 없이 그저 안기고만 싶었다. 그러면 모두 다 잊을 수 있을지도 모른다.
열렬히 사랑은 할 수 없기에, 난 그저 안기고 싶었다.
그렇게 한 침대에 누워 서로의 깊숙한 속마음을 하나씩 토해내며, 웃고 울며 한참을 떠들다 잠들고 싶었다.
이것이 내가 할 수 있는 유일한 사랑의 방식이며, 내게 남은 유일한 사랑의 방법이며, 내게 남은 인간 관계의 유일한 이상이다.
가까운 사람이 죽는다 해도 눈물이 장신구가 될까 싶어 울지 못하는 나의.